2/20
SPRIS

Boulard

3. En mode écolo

Scénario
Erroc
Dessins & couleurs
Mauricet

BAMBOO ÉDITION

Le personnage de Boulard a été créé par Pica & Erroc dans la série Les Profs.

116 chemin des Jonchères
71850 CHARNAY-LÈS-MÂCON
Tél. 03 85 34 99 09 - Fax 03 85 34 47 55
Site Web : www.bamboo.fr
E-mail : bamboo@bamboo.fr

PREMIÈRE ÉDITION
Dépôt légal : janvier 2018
ISBN 978-2-8189-4429-5

PEFC
PEFC/10-31-1800
PROMOUVOIR LA GESTION DURABLE DE LA FORÊT

La fabrication de cet album répond au processus de développement durable engagé par Bamboo Édition.
Il a été imprimé sur du papier certifié PEFC.

Printed in France
Imprimé et relié en France par PPO Graphic, 91120 Palaiseau

BURPS

MIAM
MIOM
MIAM
CRONCH
TIENS ? CHALUT, CHLOÉ !
CRONCH
BEUÊRK !!!
MAIS COMMENT VOUS FAITES POUR BOUFFER CES TRUCS-LÀ ?
C'EST TROP DÉGUEU !
C'EST QUE DU GRAS, DU SUCRE, DU GRAS, DU SEL, ET DU GRAS !
C'EST SUPER CRADO !
IL SERAIT TEMPS DE PRENDRE CONSCIENCE DE CE QUE VOUS FAITES SUBIR À VOTRE SANTÉ ET À LA PLANÈTE !
TROP IMMATURES, LES MECS !
ELLE A RAISON : ON BOUFFE N'IMPORTE QUOI ! FAUDRAIT VRAIMENT QU'ON EN PRENNE CONSCIENCE, HEIN ?
OUAIS ! JE TE PROPOSE UN TRUC...
ON COMMENCE DEMAIN, OK ?
MIOM
CRONCH
ÇA MARCHE !
CRONCH
MIAM
90
MAURICET+ERROC

ERROC + MAURICET

ET ALORS, BLA BLA...
SURTOUT QUE BLA BLA...
OUI MAIS BLA BLA...
COLLÈGE STÉPHANE DAUVIN
AH, TU ES LÀ, NAIN DE JARDIN !
?
THIERRY ? MAIS QU'EST-CE QUE TU FAIS ICI ?
AVANT D'ALLER EN COURS, JE VOULAIS TE DIRE QUE MAMAN ÉTAIT TRÈS EN COLÈRE !
BON, QUE TU PISSES AU LIT À TON ÂGE, C'EST LA HONTE MAIS C'EST PAS DE TA FAUTE...
T'ES EN RETARD, ON N'Y PEUT RIEN !
QUOI ?
MAIS QUE TU JETTES TON DRAP MOUILLÉ SUR LE BALCON DE MADAME RODRIGUEZ, LA VOISINE DU DESSOUS, ÇA, C'EST MOCHE !
HEIN ?
MAIS JE N'AI PAS...
C'EST POUR TON BIEN QUE JE TE DIS ÇA ! C'EST MON RÔLE DE GRAND FRÈRE !
ALLEZ, À CE SOIR, NAIN DE JARDIN...
ET BONNE JOURNÉE !
HAHA !
HIHI
OUARF !
TROP NUL !
VOILÀ CE QUE JE FERAI DEMAIN MATIN SI TU NE ME RENDS PAS LES 10 EUROS QUE TU ME DOIS !
TIENS !
MAIS JE TE HAIS GRAVE !
MAURICET+ERROC

A... ALORS ?
C'EST BON !
JE L'AI EU !
OOH, MON POUSSINOU ! COMME JE SUIS CONTENTE ! CHÉRI, VIENS VITE !
ALORS ÇA Y EST ?
OUAAAIS ! JE L'AI EU !
WE ARE THE CHAMPIONS !
ON VA FÊTER ÇA ! IL Y A UNE BOUTEILLE DE CHAMP' AU FRIGO !
AAH, MON GRAND GRAND GARÇON QUI A SON PERMIS ! C'EST ÉMOUVANT !
ET HOP, HAHAHA !
POK
ET VOICI LES COUPETTES, HIHIHI !
POP
PONG
BON ET ALORS, MAINTENANT VOUS ALLEZ POUVOIR M'ACHETER UNE VOITURE, HEIN ?
BEN...
HEU...
AAAH ! ON RIGOLE MOINS LÀ, DÉJÀ ! JE M'EN DOUTAIS ! JE VOULAIS VOUS TESTER !
?
?
94
EH BIEN, HEUREUSEMENT QUE JE L'AI RATÉ !
PARCE QU'AVOIR LE PERMIS SANS LA BAGNOLE, C'EST TROP NUL !
GLB GLB
ERROC+MAURICET

SALUT, THIERRY !
CHLOÉ ! C'EST SYMPA D'ÊTRE PASSÉE ME CHERCHER !
TU REGARDAIS LA TÉLÉ ?
OUAIS BOF, JE ZAPPAIS, QUOI...
AVEC NOUS AUJOURD'HUI, LE DR SAIVE, NUTRITIONNISTE.
ALORS, DOCTEUR, LES RECOMMANDATIONS SONT TOUJOURS LES MÊMES ?
ABSOLUMENT : UNE VIE SAINE, DU SPORT, PAS D'ALCOOL...
ET SURTOUT MANGER 5 FRUITS ET LÉGUMES PAR JOUR !
à votre santé
PFOUH ! ILS NOUS GONFLENT AVEC TOUS CES CONSEILS DE SANTÉ ! ON MANGE CE QU'ON VEUT, NON ?
BIP
BZN
AH BON ?! TU TROUVES ÇA NORMAL QUE 20 % DES JEUNES DE NOTRE ÂGE SOIENT OBÈSES, TOI ? IL FAUT RÉAGIR !
OK, OK, SI TU LE DIS !
HEU... ON SE MANGE UN TRUC AVANT D'ALLER EN COURS ?
UN PETIT COUP DE MICRO-ONDES, ÇA VA ÊTRE VITE FAIT !
SI TU VEUX, MAIS LÉGER, HEIN ?
ET VOILÀ : UN BON BURGER !
LE REPAS DIÉTÉTIQUE PAR EXCELLENCE !
?
TOMATE, OIGNONS, CORNICHONS, SALADE, GRAINES DE SÉSAME ...
C'EST BON : ON A NOS 5 FRUITS ET LÉGUMES PAR JOUR !
J'ABANDONNE !
MAURICET+ERROC

Rzzz

ERROC+MAURICET

LES FICHES BOULARD
COMMENT GÉRER UNE HISTOIRE D'AMOUR AU LYCÉE ?
PRENONS UN EXEMPLE SIMPLE :
PIERRICK AIME LUCIE ET LUCIE AIME PIERRICK...
MAIS LUCIE NE VEUT PAS QUE MARGAUX SOIT AU COURANT...
PARCE QUE MARGAUX EST LA SOEUR D'ARTHUR...
QUE LUCIE A LARGUÉ POUR ROBIN...
QUI EST LE MEILLEUR COPAIN DE PIERRICK...
PIERRICK NE VEUT PAS QUE ROBIN SACHE QUE LUCIE L'A PLAQUÉ POUR LUI...
ET IL SE MÉFIE DE QUENTIN, LE FRÈRE DE ROBIN...
?
BOUHOUHOU
QUI SORT AVEC SANDRA, LA MEILLEURE COPINE DE LUCIE !
117
ENFIN BREF, LES HISTOIRES D'AMOUR AU LYCÉE, C'EST GALÈRE !!!
TU ME RACCOMPAGNES, THIERRY ?
SURTOUT PAS !!!
LOVE
MAURICET+ERROC

ZEN.
SNIF.
GAÂA
97
BON : CE BOULOT DANS TA BOîTE POUR LES VACANCES, ON OUBLIE !
J'ARRIVE PAS Á FAIRE CE P... DE NŒUD DE CRAVATE !
MONSE LUX
ERROC+MAURICET

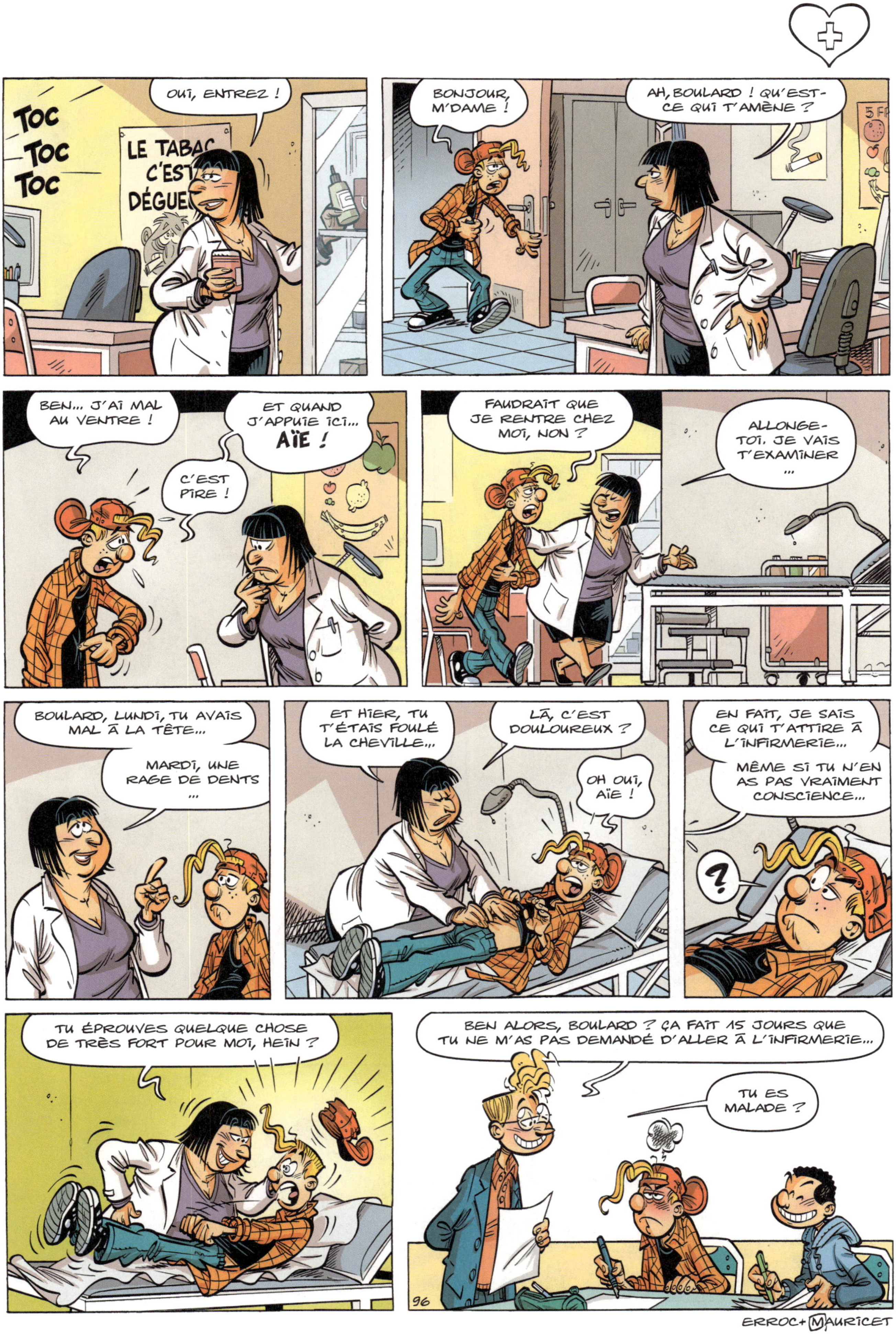

TOC TOC TOC
OUI, ENTREZ !
LE TABAC C'EST DÉGUE
BONJOUR, M'DAME !
AH, BOULARD ! QU'EST-CE QUI T'AMÈNE ?
BEN... J'AI MAL AU VENTRE !
ET QUAND J'APPUIE ICI... AÏE !
C'EST PIRE !
FAUDRAIT QUE JE RENTRE CHEZ MOI, NON ?
ALLONGE-TOI, JE VAIS T'EXAMINER ...
BOULARD, LUNDI, TU AVAIS MAL À LA TÊTE...
MARDI, UNE RAGE DE DENTS ...
ET HIER, TU T'ÉTAIS FOULÉ LA CHEVILLE...
LÀ, C'EST DOULOUREUX ?
OH OUI, AÏE !
EN FAIT, JE SAIS CE QUI T'ATTIRE À L'INFIRMERIE...
MÊME SI TU N'EN AS PAS VRAIMENT CONSCIENCE...
?
TU ÉPROUVES QUELQUE CHOSE DE TRÈS FORT POUR MOI, HEIN ?
BEN ALORS, BOULARD ? ÇA FAIT 15 JOURS QUE TU NE M'AS PAS DEMANDÉ D'ALLER À L'INFIRMERIE...
TU ES MALADE ?
96
ERROC + MAURICET

ERROC+MAURICET

VRRR
BON, LA CRAVATE, ÇA VA ! TU ES POLI ET TU DIS BONJOUR, OK ?
P'PA ! C'EST JUSTE POUR UN BOULOT DE VACANCES...
C'EST MA BOITE, TU COMPRENDS ? JE VEUX QUE TU FASSES BONNE IMPRESSION !
ETS PELOUZ ET FILS
OUAIS, OUAIS !
AAAH MAIS VOILÀ BOULARD JUNIOR !
TU AURAIS PU ÉVITER LA CASQUETTE !
HEIN ? TU VEUX QUE JE ME BALADE À POIL ?
JE SUIS MONSIEUR NEYRET, LE DIRECTEUR GÉNÉRAL ! TON PÈRE NOUS A BEAUCOUP PARLÉ DE TOI ! ENCHANTÉ, THIERRY !
HEU, MOI PAREIL.
SAIS-TU QUE NOUS SOMMES LES LEADERS EUROPÉENS SUR LE MARCHÉ DE LA TONDEUSE À GAZON ?
AH BON ? C'EST COOL, ÇA !
PELOUZ
LA TONDEUSE QUI LA REND HEUREUSE
ON A BESOIN D'UN JEUNE DYNAMIQUE ET MOTIVÉ AU SERVICE COMMERCIAL !
TU COMMENCES AUJOURD'HUI !
BEN MERCI, J'ESPÈRE QUE JE SERAI À LA HAUTEUR !
104
ÇA VA ALLER, FISTON !
JE SUIS FIER DE TOI !
AH BEN C'EST PAS TROP TÔT !
LE CAFÉ SANS SUCRE, C'EST POUR MOI !
ET POUR MOI, LE COURT SUCRÉ.
IL A OUBLIÉ MON POTAGE À LA TOMATE !
C'EST PAS UNE FLÈCHE, LE NOUVEAU !
ERROC+ MAURICET

TIP + TIP + TIP = $

MAURICET+ERROC

DITES... Y A UNE QUESTION QU'ON SE POSAIT AVEC MAXIME...
LAQUELLE, MON POUSSINOU ?
BEN... VOUS VOUS ÊTES RENCONTRÉS COMMENT ?
AAH, C'EST UNE JOLIE HISTOIRE !
ATTENDS, JE RACONTE !
CET ÉTÉ-LÀ, J'AVAIS DÉCIDÉ D'ALLER CAMPER EN CORSE...
GR 20
MAIS LE PREMIER SOIR, AU MOMENT DE PLANTER MA TENTE, JE RÉALISE QUE J'AI OUBLIÉ MON MAILLET...
HEUREUSEMENT, UNE CHARMANTE CAMPEUSE M'A DÉPANNÉ. C'ÉTAIT VOTRE MAMAN !
MERCI !
DE RIEN !
91
DÈS CET INSTANT, J'AI SU QUE C'ÉTAIT LA FEMME DE MA VIE !
ET DEPUIS, ON NE S'EST PLUS QUITTÉS !
HÉHÉ !
T'AVAIS RAISON : ELLE EST COMPLÈTEMENT NAZE, LEUR HISTOIRE !
VOICI TES 10 EUROS !
MAURICET+ERROC

MAURICET+ERROC

HELP!
TIP TIP TIP
SANDRA ? SALUT, C'EST NATHALIE...
TU ES LIBRE POUR UN CINÉ, CE SOIR ?
PERSONNE POUR GARDER LE BÉBÉ ?
BEN OUI, JE COMPRENDS...
ON SE RAPPELLE.
KLIK
TIP TIP TIP TIP TIP
SALUT, ÉLODIE, C'EST NATH...
JE SAIS. ÇA FAIT LONGTEMPS !
ÇA VA, TOI ?
HEIN ? TU VIENS D'ÊTRE PLAQUÉE PAR TON MEC ?
EN PARLER ? MAINTENANT ?
HEU... JE TE RAPPELLE !
TIP TIP TIP TIP
AÏE ! ÇA S'ANNONCE MAL !
SOPHIE ? TU ES LIBRE POUR UN CINÉ, CE SOIR ?
GÉNIAL !
YES !
113
PFOUH ! TU ME SAUVES LA VIE, LÀ !
EEET C'EST LE COUP D'ENVOI DE CETTE FINALE FRANCE/OUZBÉKISTAN !
PIZZA
MAURICET+ERROC

ERROC+MAURICET

RON
HEU... ON VA CHEZ MOI, CHLOÉ ?
JE T'OFFRE UN THÉ AROMATISÉ, ON SE MET UN PETIT DVD ET...
MIAOU.
?
LÀ, REGARDE ! UN PETIT CHAT ABANDONNÉ !
?
MIAOU.
RHOO ! T'ES TOUT SEUL ? T'AS PERDU TA MAMAN, HEIN ?
OH, LE PAUVRE !
MIAOU.
HIHI ! T'ES TOUT CRADO MAIS T'ES TROP TROP MIGNON !
MIAOU.
RHAAA ! DES BISOUS, DES CÂLINOUS, DES POUTOUS !
SMACK SMACK SMACK SMACK SMACK
MIAOU.
OUUH ! TU RONRONNES, T'ES CONTENT ! ALLEZ, JE TE GARDE AVEC MOI !
RON RON RON
MIAOU.
RON RON RON RON
100
HEIN, THIERRY, QU'EST-CE QUE T'EN DIS ?
RON RON RON RON RON RON
RON RON RON RON RON RON RON RON
MIAOU!
?
?
MAURICET+ERROC

IL S'APPELLE CYRIL...
IL VIENT D'ARRIVER DANS NOTRE BAHUT...
TIENS, VOILÀ CYRIL !
SALUT, CYRIL !
106
ET IL M'A TOUT DE SUITE BIEN ÉNERVÉ !
J'AI LU TON BOUQUIN SUR LE SCANDALE DES CULTURES OGM... SUPER !
OGM, NON MERCI!
OUAIS, C'EST IMPORTANT, LA PRISE DE CONSCIENCE !
SI TU VEUX.
C'EST POUR ÇA QUE JE SUIS ÉCOLO : L'ÉTAT DE NOTRE PLANÈTE ME PRÉOCCUPE !...
MOI AUSSI !
SI TU VEUX.
C'EST ÉGALEMENT POUR ÇA QUE JE SUIS VÉGÉTARIEN : FAUT ARRÊTER DE FAIRE SOUFFRIR LES ANIMAUX...
JE PENSE GRAVE PAREIL !
SI TU VEUX.
CE WEEK-END, Y A UN MARCHÉ BIO AU CENTRE VILLE ! ON PEUT Y ALLER ENSEMBLE ?...
AVEC PLAISIR !
SI TU VEUX.
MAIS HEU... CHLOÉ, CE WEEK-END, ON AVAIT PRÉVU DE...
TOUS LES DEUX ...
LA POUPÉE VAUDOU, JE SAIS PAS SI C'EST ÉCOLO...
MAIS ÇA SOULAGE !
SI TU VEUX.
?
PIC PIC PIC
ERROC+MAURICET

epay

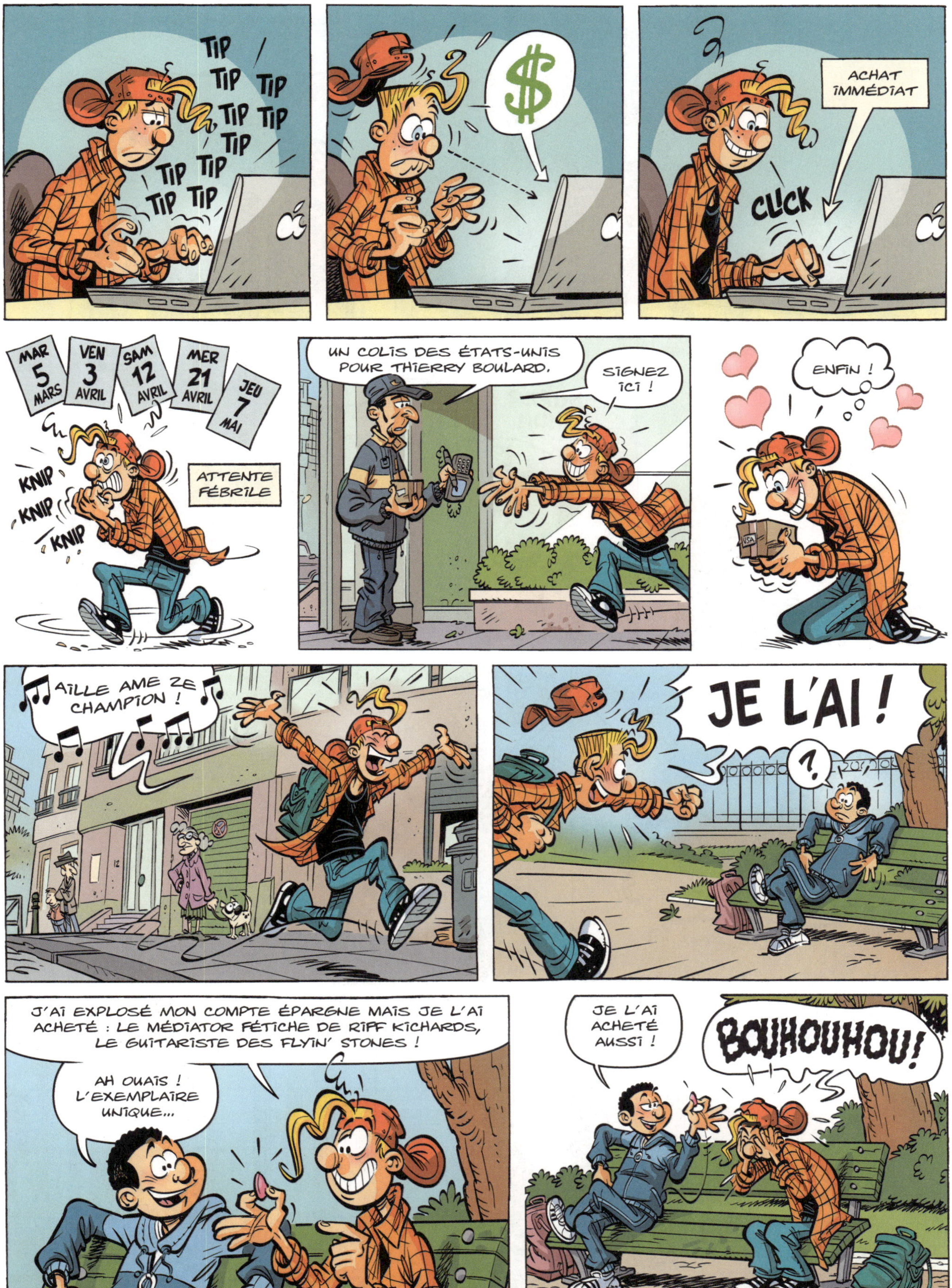

MAURICET+ERROC

Lovely

FUK LA POLISS
JE TROUVE QUE T'ES TOUT BIZARRE EN CE MOMENT. ÇA VA PAS ?
SI, SI ...
EN FAIT, JE SUIS RAIDE DINGUE AMOUREUX D'UNE NANA !
AAAH, C'EST ÇA ! ALORS, ELLE EST COMMENT ?
ELLE DOIT AVOIR 20, 25 ANS ET C'EST UN SUPER CANON !
ET TU L'AS RENCONTRÉE OÙ ?
JE L'AI VUE À L'ARRÊT DE BUS !
GOSH!
ET ALORS ? TU LUI AS PARLÉ ?
BEN... ÇA ME PARAÎT DIFFICILE...
POURQUOI ? ELLE A DÉJÀ UN MEC ?
ÇA, JE SAIS PAS, MAIS DISONS QUE C'EST LE GENRE DE FILLE INACCESSIBLE !
AH ! ELLE EST ENCORE LÀ !
?
C'EST ELLE...
LIGNE 5 BUS
Lovely LINGERIE
MAURICET+ERROC

TING
TING
BONJOUR, M'SIEUR NÉNESSE !
SALUT, LES GLANDEURS ! 2 "SPRIS" COMME D'HABITUDE ?
HÉ ! MAIS C'EST UN FLIPPER ! ON N'EN VOIT PLUS NULLE PART !
OUAIS, JE L'AI RACHETÉ À UN COLLÈGUE...
ÇA DONNE UN CÔTÉ "VINTAGE" À MON TROQUET !
ON SE FAIT UNE PARTIE ?
ET COMMENT ! VIENS TE FAIRE HUMILIER !
ALLEZ, C'EST PARTI !
ON COMMENCE COOL...
TING
TING
TING
HAHA ! T'AS DÉJÀ PERDU LA BOULE !
T'ES UN LOSER, NINTCH !
À MOI !
?
CLOC
TIENS ! PRENDS ÇA !
ET ÇA !
DOUCEMENT ! LE SECOUE PAS COMME ÇA !
HAHA!
TING
TING
TING
TING
TING
TILT !
!
?
NORMAL !
OUAIS : VU LE NOM DU FLIPPER, ON N'AVAIT AUCUNE CHANCE !
BAC BATTLE
ERROC+MAURICET

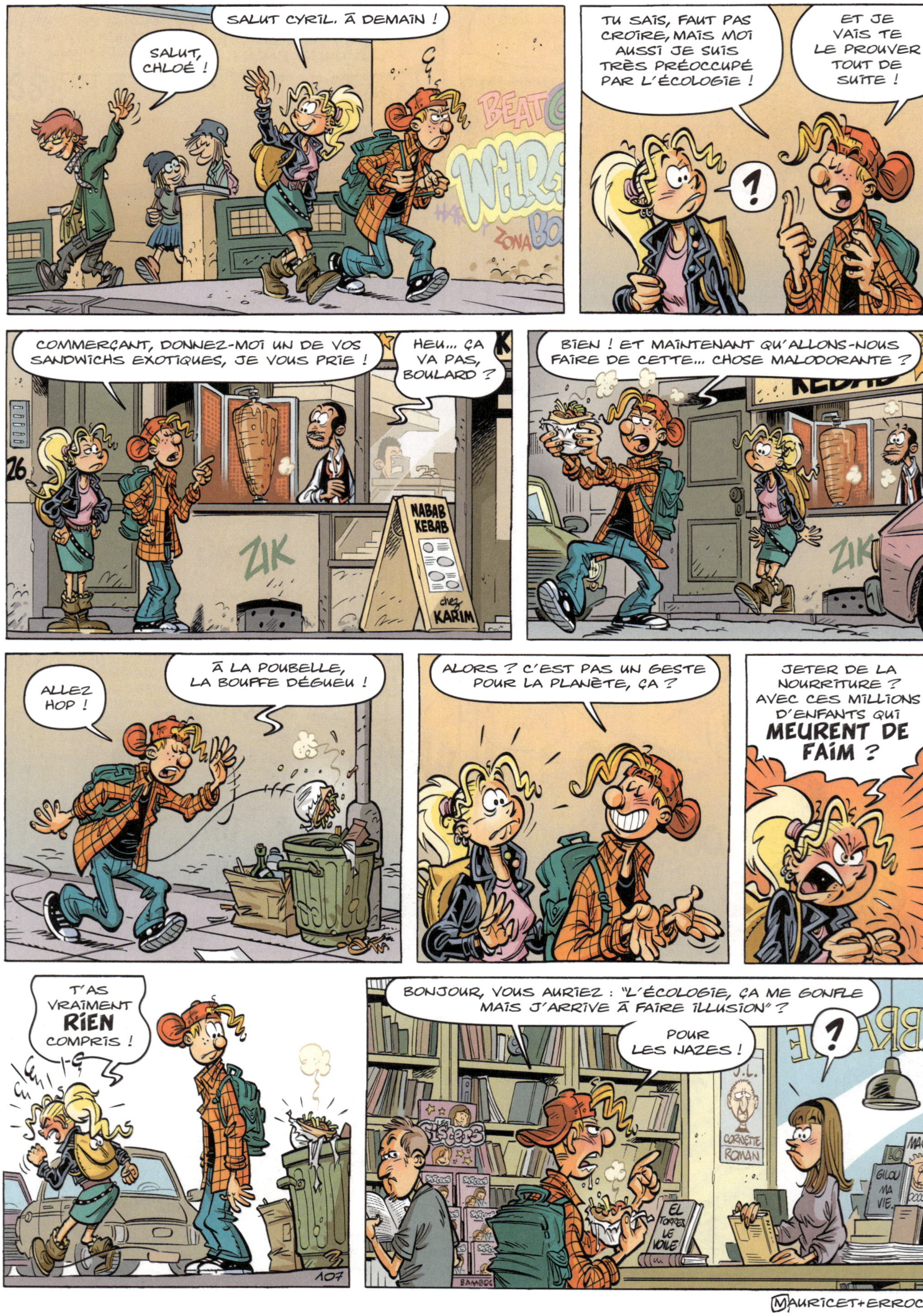
SALUT, CHLOÉ !
SALUT CYRIL. À DEMAIN !
TU SAIS, FAUT PAS CROIRE, MAIS MOI AUSSI JE SUIS TRÈS PRÉOCCUPÉ PAR L'ÉCOLOGIE !
ET JE VAIS TE LE PROUVER TOUT DE SUITE !
?
COMMERÇANT, DONNEZ-MOI UN DE VOS SANDWICHS EXOTIQUES, JE VOUS PRIE !
HEU... ÇA VA PAS, BOULARD ?
NABAB KEBAB
chez KARIM
BIEN ! ET MAINTENANT QU'ALLONS-NOUS FAIRE DE CETTE... CHOSE MALODORANTE ?
ALLEZ HOP !
À LA POUBELLE, LA BOUFFE DÉGUEU !
ALORS ? C'EST PAS UN GESTE POUR LA PLANÈTE, ÇA ?
JETER DE LA NOURRITURE ? AVEC CES MILLIONS D'ENFANTS QUI MEURENT DE FAIM ?
T'AS VRAIMENT RIEN COMPRIS !
BONJOUR, VOUS AURIEZ : "L'ÉCOLOGIE, ÇA ME GONFLE MAIS J'ARRIVE À FAIRE ILLUSION" ?
POUR LES NAZES !
?
MAURICET+ERROC

C'EST AUJOURD'HUI, MISS PRISCILLIA !...
AUJOURD'HUI QUE J'AI RENDEZ-VOUS AVEC L'HISTOIRE !
VIENS ICI, BORIS !
IIIK?
JE PEUX ENFIN TESTER MON VACCIN UNIVERSEL !
IIIK!
VOILÀ !
JE VIENS PEUT-ÊTRE D'AIDER L'HUMANITÉ À FAIRE UN PAS DE GÉANT !
OOOH ! JE VOUS ADMIRE TANT !
112
PROFESSEUR ! REGARDEZ ! BORIS GROSSIT À VUE D'OEIL !
?
HIIIIIIIIIIIIII !
GRR?
AAAAAH!!!
AH BON, TU VEUX SORTIR ?
JE PENSAIS QUE ÇA TE PLAIRAIT, "LA VENGEANCE DES SOURIS DE LABO" !
AAAAH!!!
CRONCH!
CROKK!
GRRR!
IIIIK!
C'EST UN FILM ÉCOLO POURTANT !
ERROC+MAURICET

LES FICHES BOULARD
CE QU'IL NE FAUT PAS FAIRE EN COURS !
LE PROF MOYEN EST UNE PETITE CHOSE FRAGILE : POUR NE PAS L'ÉNERVER, VOICI CE QU'IL FAUT ÉVITER...
TENTER DE BATTRE LE RECORD DU MONDE D'ENVOIS DE SMS EN 1 HEURE...
TIP TIP TIP TIP TIP TIP TIP TIP TIP TIP TIP TIP TIP TIP TIP
RETIRER SES BASKETS APRÈS 4 HEURES D'EPS...
GASP !
AAAAH !
SE FAIRE LIVRER UNE PIZZA...
LA BETTERAVE/ FROMAGE ?
PIZZA PIZZA
C'EST POUR MOI !
RÉPONDRE AU PROF DANS UNE LANGUE BIZARRE (OUZBEK, WALLON, SERBO-BASQUE)...
BOJNIEK VLOGÖZ DA WLÏNK, PRØTZ !
NON ?
APPORTER UN ANIMAL DE COMPAGNIE EN CLASSE...
C'EST JEAN-PATRICK, MON HOMARD !
JE VOIS PAS POURQUOI LES CRUSTACÉS N'AURAIENT PAS LE DROIT DE S'INSTRUIRE !
109
COMMENTER LE COURS DU PROF COMME UN JOURNALISTE SPORTIF...
KRIII
EEET LE PROF SE DIRIGE VERS LE TABLEAU...
AAAH JOLI COUP DE CRAIE !
ALLEZ, PETIT !
FINALEMENT, LE MEILLEUR MOYEN DE NE PAS ÉNERVER LE PROF, C'EST DE SÉCHER SON COURS !
QUOI ? BOULARD EST ENCORE ABSENT ?
ERROC+MAURICET

COMME PIÈGE À FILLES, Y A UN TRUC QUI EST VRAIMENT TOP...
C'EST LA GUITARE !
SALUT, THIERRY !
T'AS APPORTÉ TA GUITARE ?
OUAIS, J'AI UNE RÉPÈTE AVEC MON GROUPE APRÈS LES COURS...
T'AS UN GROUPE ?
WAAAH !
TU NOUS JOUES QUELQUE CHOSE AVANT LA SONNERIE ?
BEN... NON, J'AVAIS PAS PRÉVU ET...
OH OUI !
ALLEZ QUOI, TE FAIS PAS PRIER !
OK, JE VAIS PAS FAIRE MA STAR. HAHA !
ZIIIIP
OUAIS, LE PLAN GUITARE, ÇA MARCHE À TOUS LES COUPS...
TU ÉTAIS FORMIDABLE, J'ÉTAIS FORT MINABLE...
OU PAS...
TU SAIS QU'IL Y A DU NICKEL DANS LES CORDES DE GUITARE ?
?
ET L'EXPLOITATION DES MINES DE NICKEL PROVOQUE LA DÉGRADATION DES FORÊTS !
SI TU VEUX.
AH OUAIS ! T'AS GRAVE RAISON, CYRIL !
MAURICET+ERROC

TIP TIP TIP TIP TIP
TIP TIP TIP TIP TIP
TIP TIP TIP TIP
TIP TIP TIP TIP TIP TIP TIP
TIP TIP TIP TIP TIP TIP
!
TIP TIP TIP TIP TIP TIP
STOP!
C'EST PAS GÉNIAL COMME ÇA, HEIN ?
BEN... C'EST MOU, QUOI !
OUAIS, UNE ENGUEULADE PAR SMS, C'EST NUL !
TRONCHE DE CAKE !
FACE DE HARENG !
?
LÀ, C'EST MIEUX !
MAURICET+ERROC

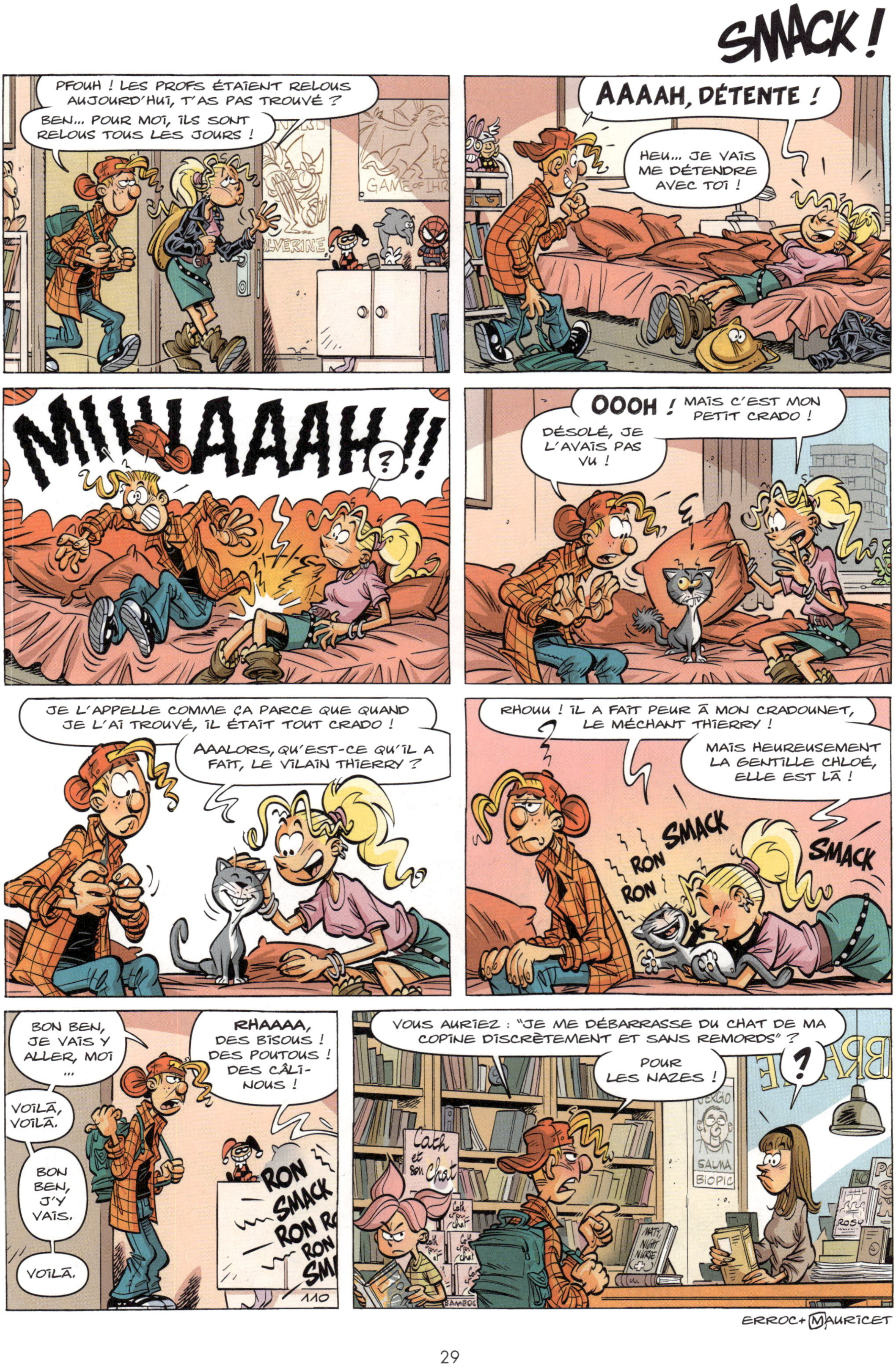
SMACK !
PFOUH ! LES PROFS ÉTAIENT RELOUS AUJOURD'HUI, T'AS PAS TROUVÉ ?
BEN... POUR MOI, ILS SONT RELOUS TOUS LES JOURS !
AAAAH, DÉTENTE !
HEU... JE VAIS ME DÉTENDRE AVEC TOI !
MIIIAAAH !!
?
OOOH ! MAIS C'EST MON PETIT CRADO !
DÉSOLÉ, JE L'AVAIS PAS VU !
JE L'APPELLE COMME ÇA PARCE QUE QUAND JE L'AI TROUVÉ, IL ÉTAIT TOUT CRADO !
AAALORS, QU'EST-CE QU'IL A FAIT, LE VILAIN THIERRY ?
RHOUU ! IL A FAIT PEUR À MON CRADOUNET, LE MÉCHANT THIERRY !
MAIS HEUREUSEMENT LA GENTILLE CHLOÉ, ELLE EST LÀ !
SMACK
RON RON
SMACK
BON BEN, JE VAIS Y ALLER, MOI ...
RHAAAA, DES BISOUS ! DES POUTOUS ! DES CÂLI-NOUS !
VOILÀ, VOILÀ.
BON BEN, J'Y VAIS.
VOILÀ.
RON SMACK RON RON
VOUS AURIEZ : "JE ME DÉBARRASSE DU CHAT DE MA COPINE DISCRÈTEMENT ET SANS REMORDS" ?
POUR LES NAZES !
?
110
ERROC+MAURICET

ERROC+MAURICET

0+0=
LES FICHES BOULARD
COMMENT EMPÊCHER UNE RENCONTRE PARENTS/PROFS ?
TU LE SENS, TES PARENTS EN ONT MARRE !...
MAIS COMMENT PEUX-TU AVOIR DES BULLETINS AUSSI NULS ?
KNIP
ET ILS ONT PRIS UNE GRANDE DÉCISION :
NOUS DEVONS RENCONTRER TES PROFS !
HORREUR !
IL Y A UNE SOLUTION SIMPLE POUR EMPÊCHER ÇA : FABRIQUE UNE MAQUETTE DE TON LYCÉE TRÈS PRÉCISE...
VOILÀ, C'EST PARFAIT !
AH OUAIS. BEAU BOULOT !
ON S'Y CROIRAIT !
PUIS, PENDANT QU'UN COMPLICE FILME LA SCÈNE, BALANCE UN SEAU D'EAU SUR TA MAQUETTE...
SPLASH
ENSUITE, TU N'AS PLUS QU'À MONTRER LA VIDÉO À TES PARENTS !
VOUS VOULIEZ RENCONTRER MES PROFS ? C'EST IMPOSSIBLE !
REGARDEZ !
?
SNIF
UN TSUNAMI S'EST ABATTU SUR MON BAHUT ! TOUS LES PROFS SONT MORTS !
SNIF
SPLASH
HEU... FRANCHEMENT, TU AS VRAIMENT CRU QUE ÇA POUVAIT MARCHER ?
BONJOUR, NOUS SOMMES LES PARENTS DE BOULARD...
HEUREUX DE VOIR QUE VOUS AVEZ SURVÉCU AU TSUNAMI !
MÉGA HONTE !
?
?
ERROC+MAURICET

MAURICET+ERROC

ERROC+MAURICET

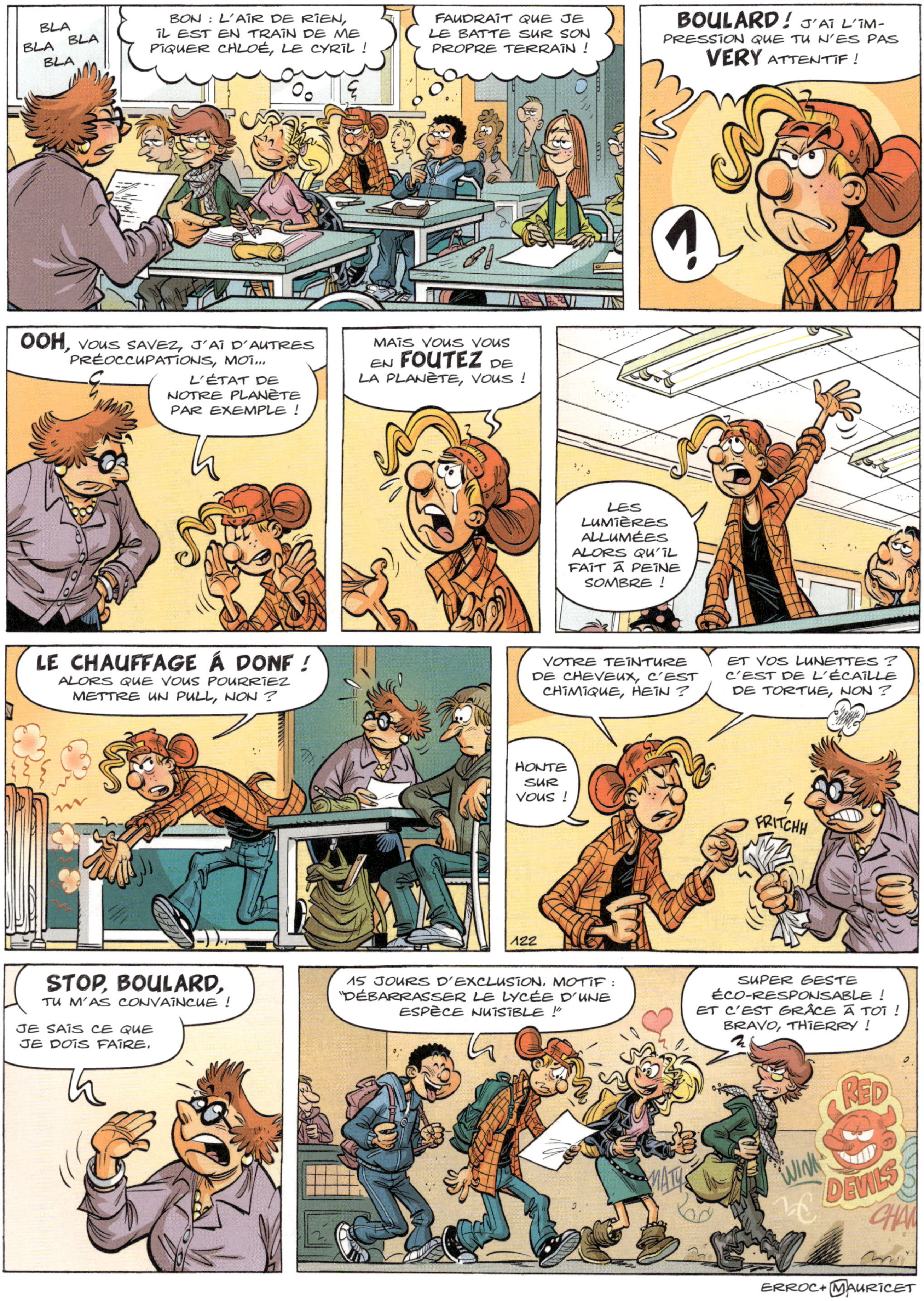
BLA BLA BLA BLA
BON : L'AIR DE RIEN, IL EST EN TRAIN DE ME PIQUER CHLOÉ, LE CYRIL !
FAUDRAIT QUE JE LE BATTE SUR SON PROPRE TERRAIN !
BOULARD ! J'AI L'IMPRESSION QUE TU N'ES PAS VERY ATTENTIF !
?
OOH, VOUS SAVEZ, J'AI D'AUTRES PRÉOCCUPATIONS, MOI...
L'ÉTAT DE NOTRE PLANÈTE PAR EXEMPLE !
MAIS VOUS VOUS EN FOUTEZ DE LA PLANÈTE, VOUS !
LES LUMIÈRES ALLUMÉES ALORS QU'IL FAIT À PEINE SOMBRE !
LE CHAUFFAGE À DONF ! ALORS QUE VOUS POURRIEZ METTRE UN PULL, NON ?
VOTRE TEINTURE DE CHEVEUX, C'EST CHIMIQUE, HEIN ?
ET VOS LUNETTES ? C'EST DE L'ÉCAILLE DE TORTUE, NON ?
HONTE SUR VOUS !
FRITCHH
STOP, BOULARD, TU M'AS CONVAINCUE !
JE SAIS CE QUE JE DOIS FAIRE.
15 JOURS D'EXCLUSION. MOTIF : "DÉBARRASSER LE LYCÉE D'UNE ESPÈCE NUISIBLE !"
SUPER GESTE ÉCO-RESPONSABLE ! ET C'EST GRÂCE À TOI ! BRAVO, THIERRY !
RED DEVILS
ERROC+MAURICET

ENCORE UN 2/20 EN MATHS ?
BRAVO !
ET CE COMMENTAIRE DU PROF : BOULARD N'EST PLUS DANS LA LUNE, IL EST CARRÉMENT SUR MARS !
BON ...
IL FAUT AGIR !
TIP TIP TIP TIP TIP TIP TIP TIP TIP TIP
FRRRRTTT
JE PENSE QU'IL FAUT REDÉFINIR NOS RELATIONS SUR DES BASES SAINES !
?
?
ALORS JE VOUS PROPOSE CE CONTRAT : VOUS VOUS ENGAGEZ À NE PLUS COMMENTER MES NOTES POURRIES...
102
ET MOI, JE M'ENGAGE À M'OCCUPER DE VOUS QUAND VOUS SEREZ VIEUX !
CONTRAT
VOUS N'AVEZ PLUS QU'À SIGNER !
ÇA AURAIT PU MARCHER...
MAURICET+ERROC

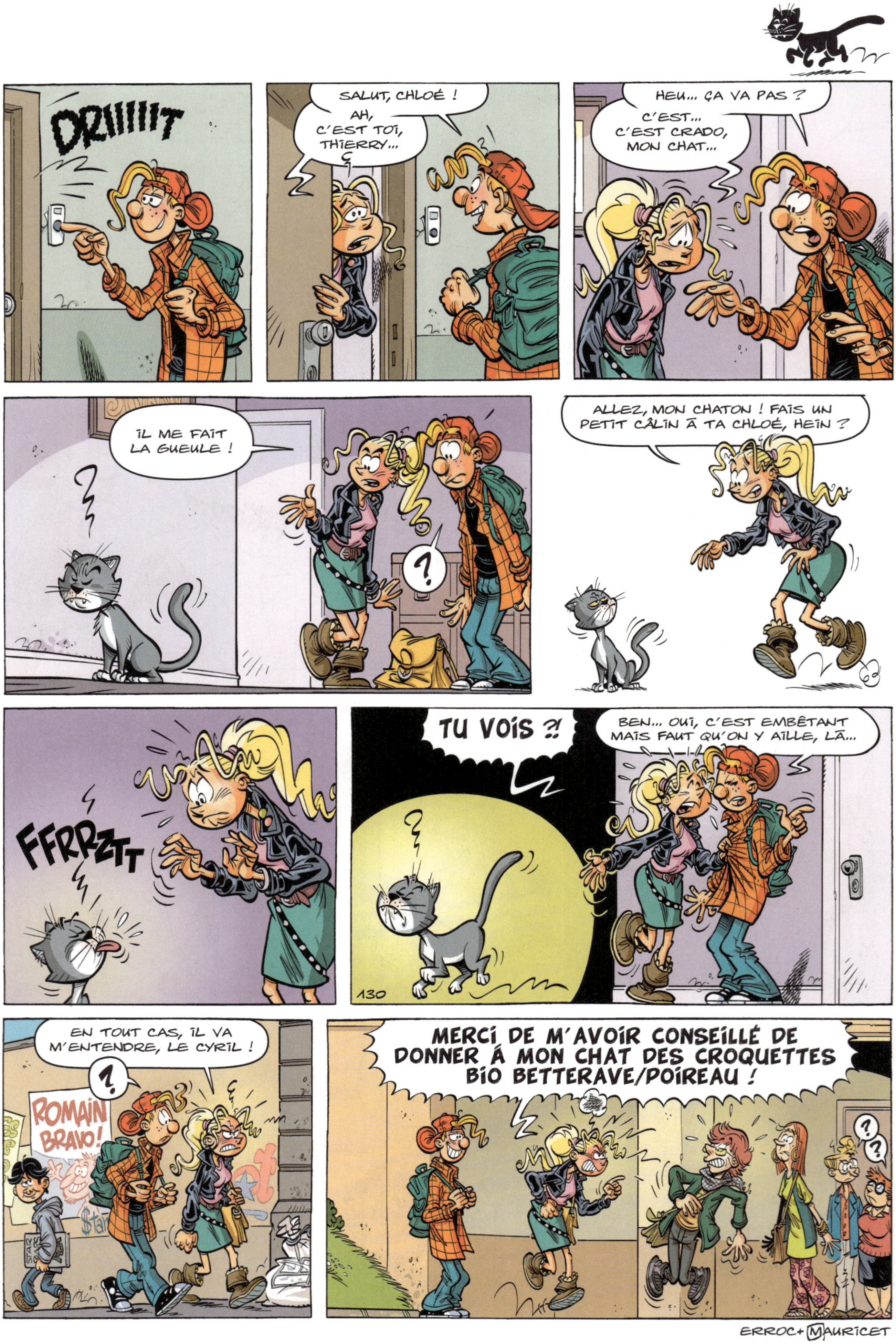
DRIIIIIT
SALUT, CHLOÉ !
AH, C'EST TOI, THIERRY...
HEU... ÇA VA PAS ?
C'EST... C'EST CRADO, MON CHAT...
IL ME FAIT LA GUEULE !
?
ALLEZ, MON CHATON ! FAIS UN PETIT CÂLIN À TA CHLOÉ, HEIN ?
FFRRZTT
TU VOIS ?!
BEN... OUI, C'EST EMBÊTANT MAIS FAUT QU'ON Y AILLE, LÀ...
130
EN TOUT CAS, IL VA M'ENTENDRE, LE CYRIL !
?
ROMAIN BRAVO!
MERCI DE M'AVOIR CONSEILLÉ DE DONNER À MON CHAT DES CROQUETTES BIO BETTERAVE/POIREAU !
? ?
ERROC+MAURICET

0/20
BON ! POUR CETTE ÉPREUVE DE BAC BLANC, VOUS AUREZ TROIS HEURES !
JE NE VEUX PAS VOIR DE TÉLÉPHONE SUR LES TABLES !
BIEN, JE VAIS VOUS DISTRIBUER LES SUJETS.
TIENS, BOULARD !
MERCI, M'SIEUR.
SUJET : LE TRANSPORT MARITIME AU DÉBUT DU XXe SIÈCLE.
C'EST UN ICEBERG, VOTRE SUJET, M'SIEUR...
TITANIC
JE ME LE SUIS PRIS DANS LES DENTS ET J'AI FAIT NAUFRAGE !
105
MAURICET+ERROC

LES FICHES BOULARD
LE PROF ME HAÏT : QUE FAIRE ?
C'EST PEUT-ÊTRE PARCE QUE TU PLAFONNES À 2/20...
MAIS UNE CHOSE EST SÛRE :
CE PROF NE T'AIME PAS !
BOULARD ! TU AS DES TRIPES À LA MODE DE CAEN À LA PLACE DU CERVEAU !
!?
ALORS QUE FAIRE ? TRAVAILLER PLUS ?
PFF ! J'AI BOSSÉ COMME UN DINGO, M'SIEUR !
ÇA PAYE : TU AS UN DEMI-POINT EN PLUS !
HIN HIN
FAYOTER UN MAX ?
JE PEUX PORTER VOTRE CARTABLE ?
JE PEUX ALLER VOUS CHERCHER UN CAFÉ ?
JE PEUX CIRER VOS CHAUSSURES ?
?
PAFF DUNK
FLATTER LE PROF ?
WAOH ! VOS COURS SONT TELLEMENT PASSIONNANTS QUE J'EN AI LA LARME À L'ŒIL !
?
SNIF
124
ESSAYER LA COMPLICITÉ ?
ALLEZ, M'SIEUR, ON FAIT UN SELFIE ? SOURIEZ !
JE SAIS, C'EST PAS NATUREL POUR VOUS !
?
ALLEZ LES BLEUS
LUI OFFRIR UNE THALASSO AUX MALDIVES ? (SI TES PARENTS SONT RICHES).
JE NE SUPPORTE PAS LE SOLEIL !
BONNES VACANCES, M'SIEUR !
OU ALORS, IL Y A CETTE SOLUTION : (ASSEZ EFFICACE).
TU VAS M'AIMER, MON POTE, D'ACCORD ?
JE... JE T'ADORE, BOULARD !
SINON JE TE FAIS UNE GROSSE TÊTE !
ERROC + MAURICET

ERROC + MAURICET

AH OUAIS. AH OUAIS.
NINTCH ET BOUBOU SONT DANS LA PLACE.
POUM-TCHAK TCHAK
C'EST LA GUERRE, MON FRÈRE ! TU SAIS COMMENT ÇA S'PASSE !
TCHAK POUM TCHAK
LE CHEF, C'EST LE P'TIT GROS. LA MAIN SUR SON BIDE.
WHIK-HI-LHIIK
QUE TOUT L'MONDE LE RESPECTE. C'EST UN BOSS. C'EST UN GUIDE.
O-TOH! HO-TOH!
PARTOUT DES CORPS DISLOQUÉS, DES MECS DANS LA BOUE.
WIZIIIIP WIZIIIIP
ZOKO ZOK
MAIS SI TOUS ILS SONT MORTS, MON FRÈRE, C'EST POUR NOUS !
NDOUF NDOUF
129
BON... POUR LE FOND, JE VOUS METS 2...
MAIS POUR LA FORME, IL Y A UN EFFORT : JE VOUS METS 12 !
EXPOSÉ : Les guerres napoléoniennes.
OUAIIIS!
SUPER!
BRAVO!
BRAVO!
ENCORE!
MAURICET+ERROC

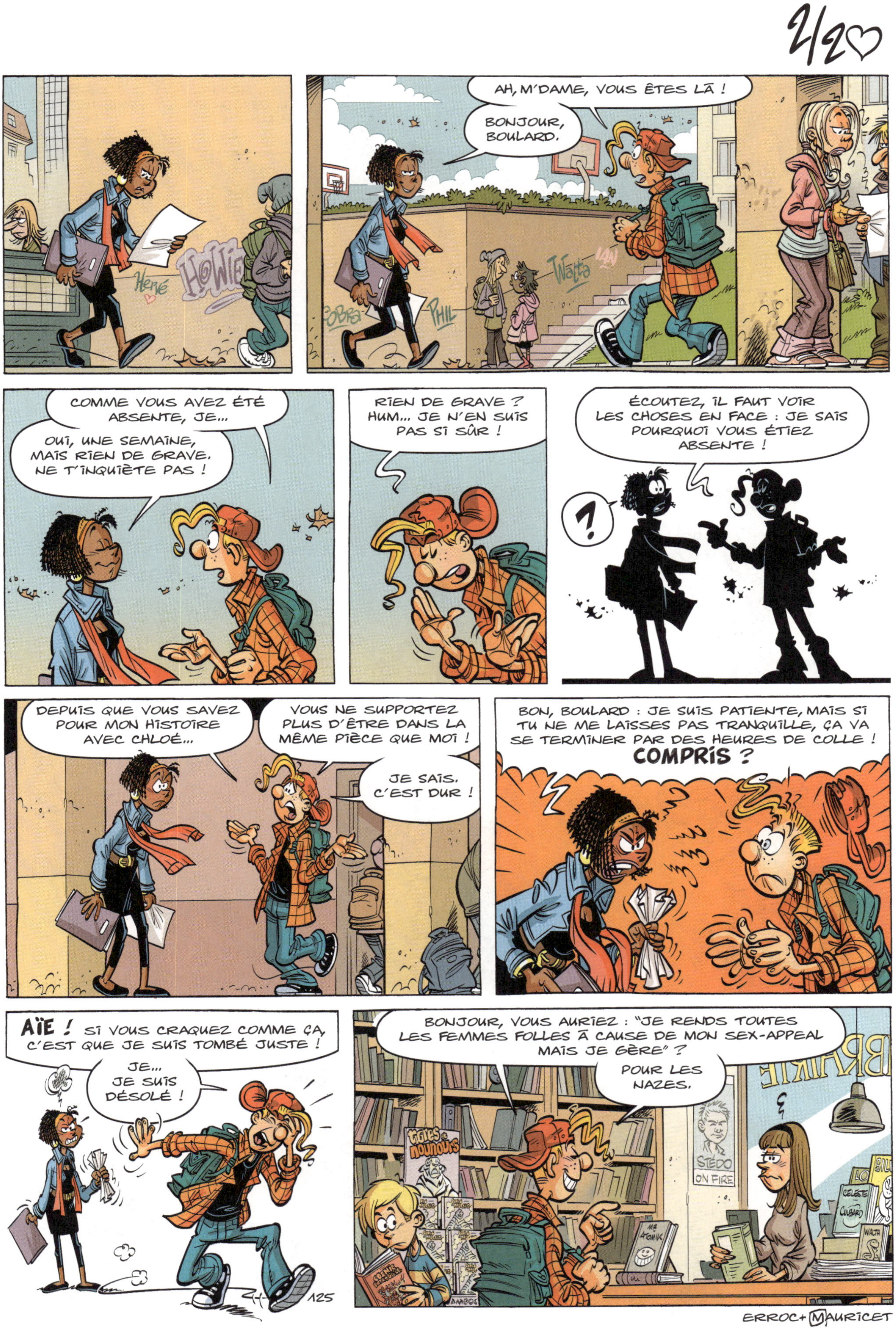

2/2♡
AH, M'DAME, VOUS ÊTES LÀ !
BONJOUR, BOULARD.
COMME VOUS AVEZ ÉTÉ ABSENTE, JE...
OUI, UNE SEMAINE, MAIS RIEN DE GRAVE. NE T'INQUIÈTE PAS !
RIEN DE GRAVE ? HUM... JE N'EN SUIS PAS SI SÛR !
ÉCOUTEZ, IL FAUT VOIR LES CHOSES EN FACE : JE SAIS POURQUOI VOUS ÉTIEZ ABSENTE !
?
DEPUIS QUE VOUS SAVEZ POUR MON HISTOIRE AVEC CHLOÉ...
VOUS NE SUPPORTEZ PLUS D'ÊTRE DANS LA MÊME PIÈCE QUE MOI !
JE SAIS. C'EST DUR !
BON, BOULARD : JE SUIS PATIENTE, MAIS SI TU NE ME LAISSES PAS TRANQUILLE, ÇA VA SE TERMINER PAR DES HEURES DE COLLE ! COMPRIS ?
AÏE ! SI VOUS CRAQUEZ COMME ÇA, C'EST QUE JE SUIS TOMBÉ JUSTE !
JE... JE SUIS DÉSOLÉ !
BONJOUR, VOUS AURIEZ : "JE RENDS TOUTES LES FEMMES FOLLES À CAUSE DE MON SEX-APPEAL MAIS JE GÈRE" ?
POUR LES NAZES.
ERROC+MAURICET

DIS, THIERRY...
OUI, CHLOÉ ?
SNIF
JE VOUDRAIS TE DEMANDER QUELQUE CHOSE ...
J'ESPÈRE QUE TU DIRAS OUI...
ENFIN !
ELLE A COMPRIS QU'ELLE TROUVERAIT JAMAIS UN MEC PLUS SEXY QUE MOI !...
ET ZOU : ELLE VEUT FAIRE LE GRAND SAUT !
ON VA CONCLURE ! C'EST CHAUD BOUILLANT !
SA PEAU DOUCE, SON PARFUM, SES FRISSONS...
HMM
ÇA VA ÊTRE TORRIDE !
C'EST OUI ! BIEN SÛR !!!
CHLOÉ EST PARTIE 15 JOURS CHEZ SA GRAND-MÈRE...
ELLE M'A DEMANDÉ DE GARDER SON CHAT...
OH ! QU'IL EST MIGNON !
MIAAAOU
ERROC+MAURICET

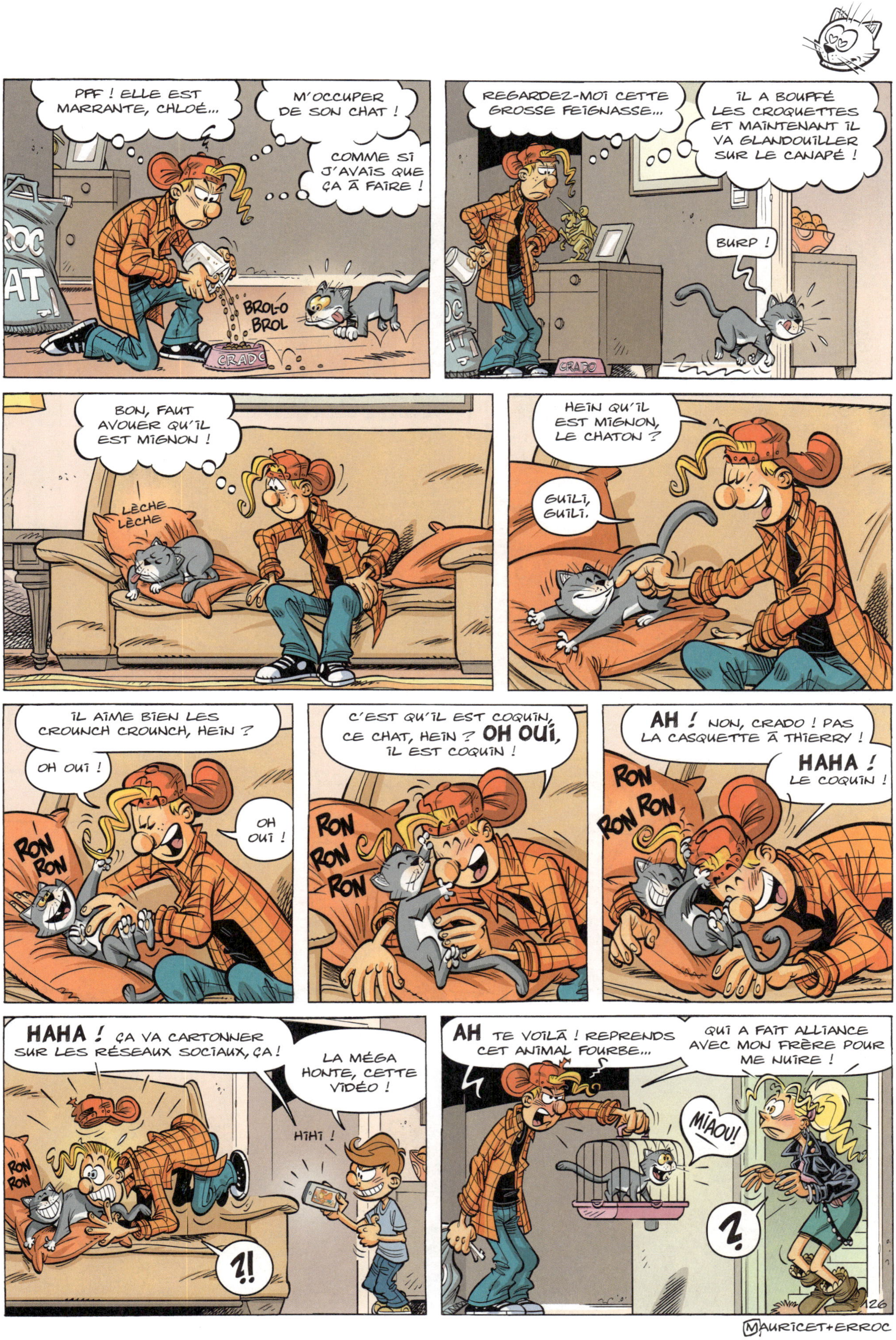
PFF ! ELLE EST MARRANTE, CHLOÉ...
M'OCCUPER DE SON CHAT !
COMME SI J'AVAIS QUE ÇA À FAIRE !
BROL-O BROL
CRADO
REGARDEZ-MOI CETTE GROSSE FEIGNASSE...
IL A BOUFFÉ LES CROQUETTES ET MAINTENANT IL VA GLANDOUILLER SUR LE CANAPÉ !
BURP !
CRADO
BON, FAUT AVOUER QU'IL EST MIGNON !
LÈCHE LÈCHE
HEIN QU'IL EST MIGNON, LE CHATON ?
GUILI, GUILI.
IL AIME BIEN LES CROUNCH CROUNCH, HEIN ?
OH OUI !
OH OUI !
RON RON
C'EST QU'IL EST COQUIN, CE CHAT, HEIN ? OH OUI, IL EST COQUIN !
RON RON RON
AH ! NON, CRADO ! PAS LA CASQUETTE À THIERRY !
HAHA ! LE COQUIN !
RON RON RON
HAHA ! ÇA VA CARTONNER SUR LES RÉSEAUX SOCIAUX, ÇA !
LA MÉGA HONTE, CETTE VIDÉO !
HIHI !
RON RON
?!
AH TE VOILÀ ! REPRENDS CET ANIMAL FOURBE...
QUI A FAIT ALLIANCE AVEC MON FRÈRE POUR ME NUIRE !
MIAOU!
?
MAURICET+ERROC

Ö/20

ERROC + MAURICET

BEN ALORS, C'EST QUOI CETTE TÊTE ? TU DEVRAIS ÊTRE CONTENT, L'ANNÉE SE TERMINE...
OUAIS, JUSTEMENT...
ON PASSE BIENTÔT LE BAC !
WAOH LE SCOOP ! J'ÉTAIS PAS AU COURANT, MERCI !
TOI, TU VAS L'AVOIR ET MOI, JE VAIS LE RATER !
ET DU COUP, ON SE VERRA PLUS L'ANNÉE PROCHAINE !
EH BIEN ÇA ME DONNE PAS SUPER ENVIE DE RIGOLER, DÉSOLÉ !
?
C'EST MIGNON DE PENSER À ÇA. MOI AUSSI, JE SERAI TRISTE SI ON SE VOIT PLUS...
OUAIS, BEN À MON AVIS, IL N'Y A QU'UNE SOLUTION !
HÉ OUIII ! IL VA FALLOIR QUE TU TE METTES AU BOULOT, MON PETIT THIERRY !
AH ? BEN NON, J'AVAIS PENSÉ À UNE AUTRE SOLUTION...
127
JE LUI AI JUSTE DEMANDÉ DE RATER SON BAC !
ET ELLE A REFUSÉ ? J'LE CROIS PAS !
C'EST DINGUE, L'ÉGOÏSME DES FILLES !
ERROC+ MAURICET

MAURICET+ERROC

Vous aimerez aussi...

Les Gendarmes • 15 tomes
Scénario : Sulpice & Cazenove
Dessins : Jenfèvre

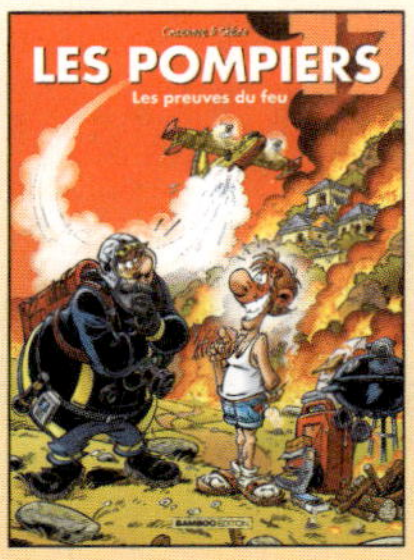

Les Pompiers • 17 tomes
Scénario : Cazenove
Dessins : Stédo

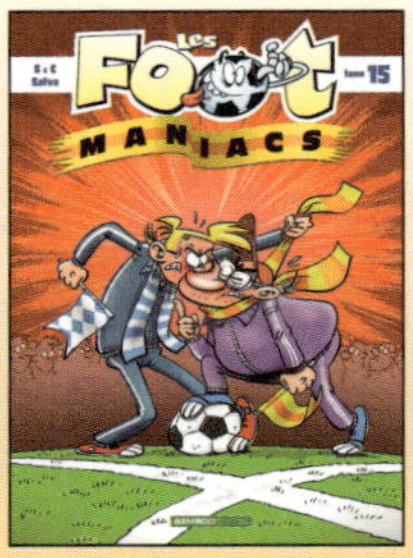

Les Footmaniacs • 15 tomes
Scénario : S & C
Dessins : Saive

Les Petits Mythos • 8 tomes
Scénario : Cazenove
Dessins : Larbier

Pilo • 2 tomes
Scénario : Mariolle
Dessins : Mariolle
TOME 2 AVR. 18

BAMBOO ÉDITION

À découvrir au rayon BD

Les Rugbymen • 16 tomes
Scénario : BeKa
Dessins : Poupard
TOME 16 FÉV. 18

Les Fondus de moto • 9 tomes
Scénario : Richez & Cazenove
Dessins : Bloz

Napoléon • 2 tomes
Scénario : Lapuss'
Dessins : Stédo

Les Dinosaures • 4 tomes
Scénario : Plumeri
Dessins : Bloz

Les Animaux marins en BD • 4 tomes
Scénario : Cazenove
Dessins : Jytéry

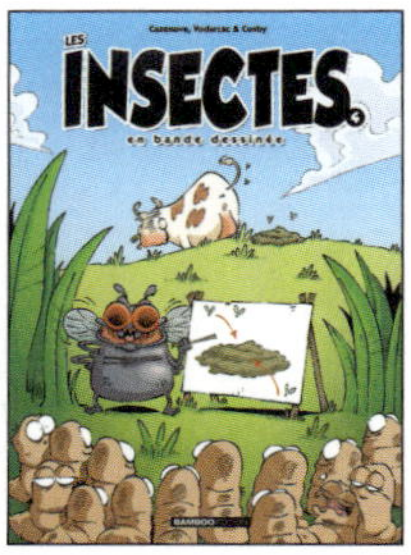

Les Insectes en BD • 4 tomes
Scénario : Cazenove & Vodarzac
Dessins : Cosby

Mes Premières fois • 2 tomes
Scénario : Sti
Dessins : Juan

L'Atelier Détectives • 2 tomes
Scénario : BeKa
Dessins : Goalec
TOME 2 FÉV. 18

Mes Cop's • 8 tomes
Scénario : Cazenove
Dessins : Fenech

Les Amies de papier • 2 tomes
Scénario : Cazenove & Chabbert
Dessins : Cécile
TOME 2 FÉV. 18

Seule à la récré • 1 tome
Scénario : Ana & Bloz
Dessins : Bloz

Le Blog de Nina • 1 tome
Scénario : BeKa
Dessins : Mabire

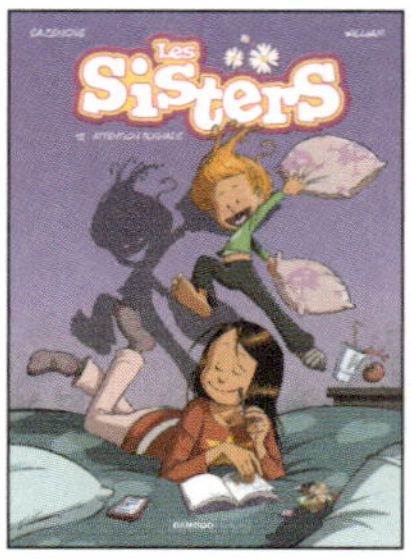

Les Sisters • 12 tomes
Scénario : Cazenove
Dessins : William

Studio Danse • 10 tomes
Scénario : BeKa
Dessins : Crip

Triple Galop • 13 tomes
Scénario : Cazenove & Du Peloux
Dessins : Du Peloux

Cath et son chat • 7 tomes
Scénario : Richez & Cazenove
Dessins : Yrgane Ramon

Le Livre de Piik • 3 tomes
Scénario : Cazenove
Dessins : Cécile

Boule à zéro • 6 tomes
Scénario : Zidrou
Dessins : Ernst

Retrouvez les actualités, infos et extraits de nos séries sur www.bamboo.fr